清華

TSINGHUA

清华大学党委宣传部 主编

清華大学 110周年校庆
110th ANNIVERSARY
TSINGHUA UNIVERSITY

1911–2021

清华大学出版社
北 京

图书在版编目（CIP）数据

清华 / 清华大学党委宣传部主编. — 北京：清华大学出版社，2021.4
ISBN 978-7-302-57935-9

Ⅰ. ①清… Ⅱ. ①清… Ⅲ. ①清华大学－校史－画册 Ⅳ. ①G649.281-64

中国版本图书馆CIP数据核字（2021）第061479号

责任编辑：张占奎
装帧设计：陈 楠 吕 游 毕文立
责任校对：王淑云
责任印制：杨 艳

出版发行：清华大学出版社
网 址：http://www.tup.com.cn, http://www.wqbook.com
地 址：北京清华大学学研大厦A座 邮 编：100084
社 总 机：010-62770175 邮 购：010-62786544
投稿与读者服务：010-62776969, c-service@tup.tsinghua.edu.cn
质量反馈：010-62772015, zhiliang@tup.tsinghua.edu.cn
印 装 者：天津图文方嘉印刷有限公司
经 销：全国新华书店
开 本：300mm × 300mm 印 张：31⅓ 字 数：151千字
版 次：2021年4月第1版 印 次：2021年4月第1次印刷
定 价：380.00元

产品编号：091861-01

《清华大学校歌》

汪鸾翔 词

张丽珍 曲

西山苍苍,东海茫茫,吾校庄严,巍然中央。

东西文化,荟萃一堂,大同爰跻,祖国以光。

莘莘学子来远方，莘莘学子来远方，

春风化雨乐未央，行健不息须自强。

自强，自强，行健不息须自强。

自强，自强，行健不息须自强。

左图右史,邺架巍巍,致知穷理,学古探微。

新旧合冶,殊途同归,肴核仁义,闻道日肥。

服膺守善心无违，服膺守善心无违，

海能卑下众水归，学问笃实生光辉。

光辉，光辉，学问笃实生光辉。

光辉，光辉，学问笃实生光辉。

器识为先,文艺其从,立德立言,无问西东。

孰绍介是,吾校之功,同仁一视,泱泱大风。

水木清华众秀钟，水木清华众秀钟，

万悃如一矢以忠，赫赫吾校名无穷。

无穷，无穷，赫赫吾校名无穷。

无穷，无穷，赫赫吾校名无穷。

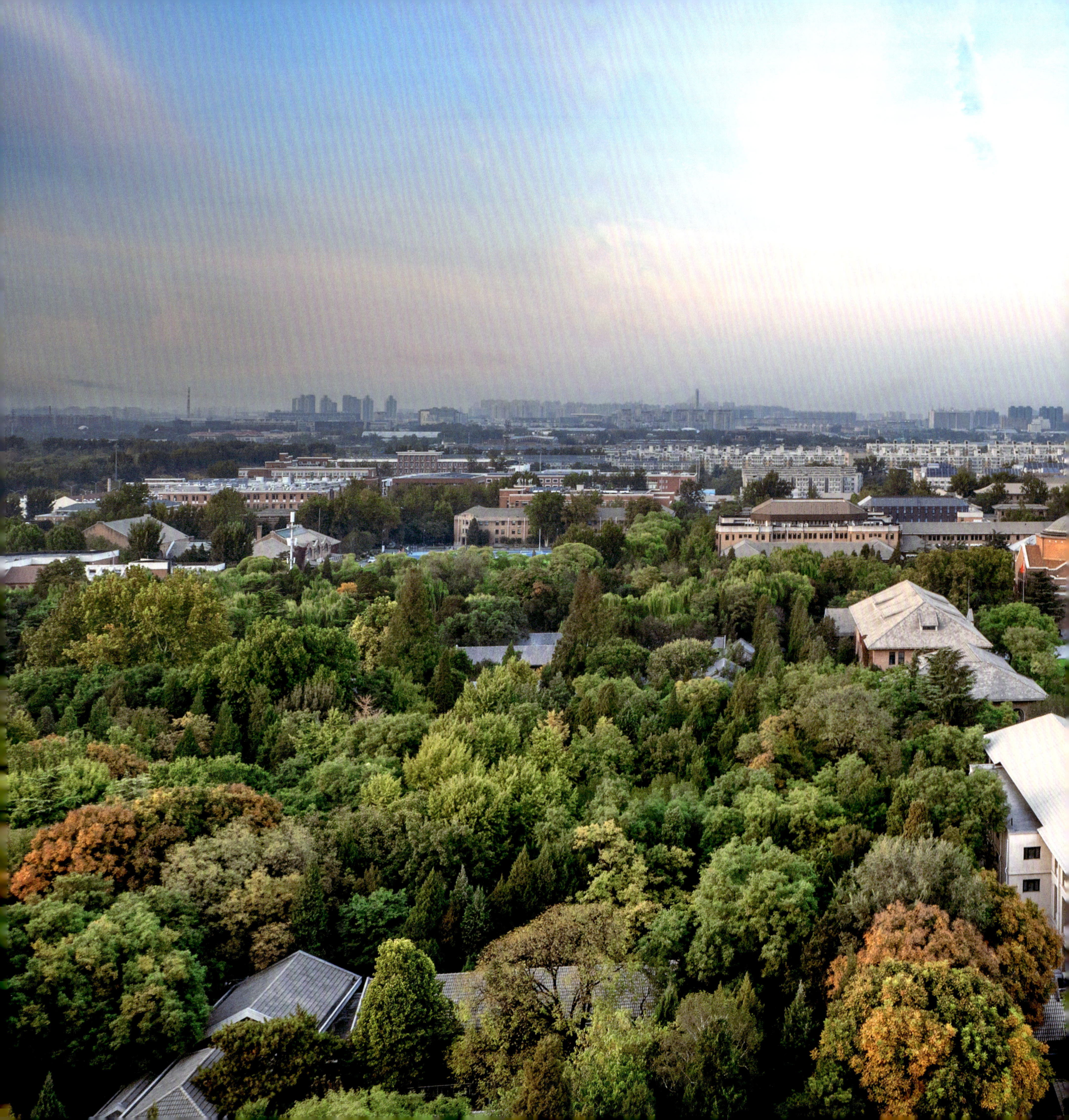

大礼堂
The Auditorium

大礼堂
The Auditorium

大礼堂
The Auditorium

科学馆
The Science Building

清華園
莘莘学子携笔从戎，

二校门
The Old Gate

工字厅
Gong Zi Ting

工字厅
Gong Zi Ting

清華園

清华学堂
Tsinghua Xuetang

清華學堂

主楼
The Main Building

日晷
The Sundial

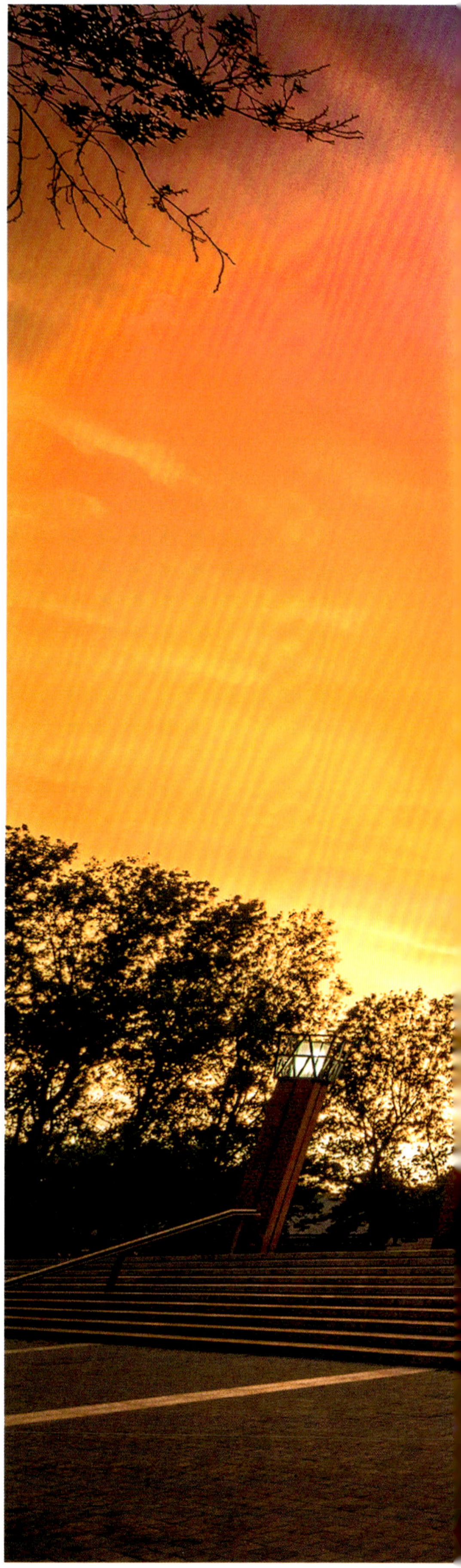

紫荆学生公寓
Zijing Student Dormitories

图书馆
The Library

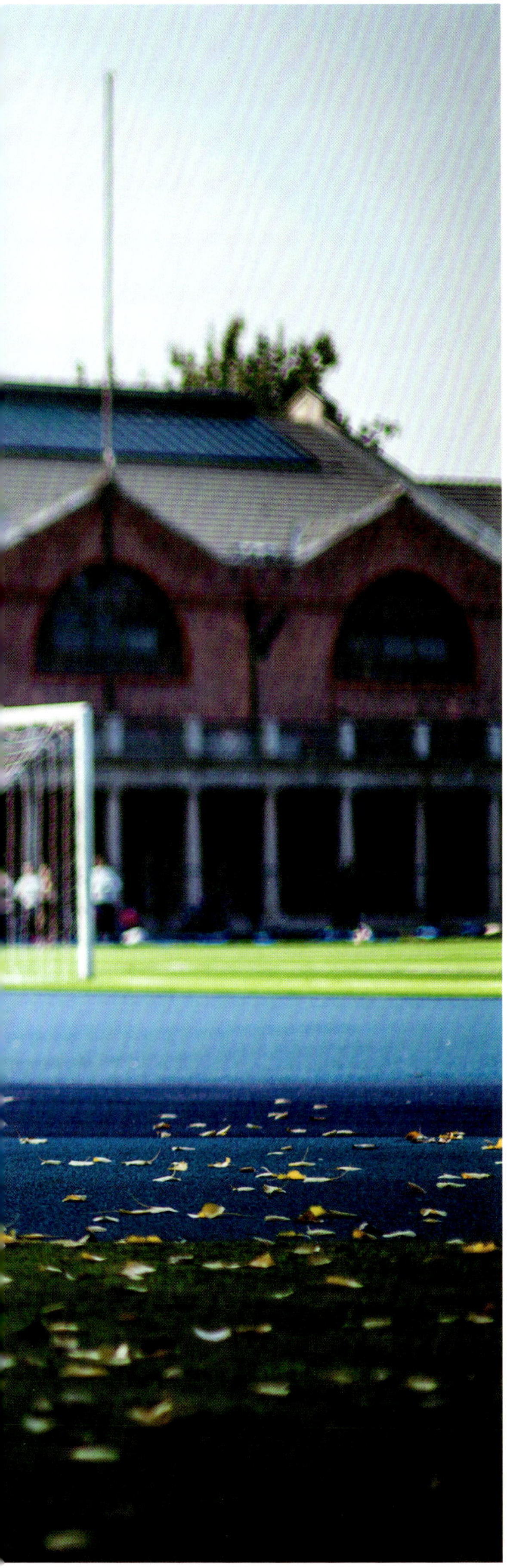

西大操场、西体育馆
The West Sports Field,
The West Gymnasium

四季清华
Four Seasons at Tsinghua

天文台
The Observatory

近春園遺址

Polynomial-time
Greedy algorithms
Divide & Conquer
Dynamic
Undecidability

人文清华讲坛
The Humanitas Tsinghua Forum

PKU

华
清
我

CHINA PAVILIO
AT THE UN CLIMATE CHANGE CONFEREN
China Pavilion
GAUC
Global Alliance of Universities on Climate
GAUC COP25 Youth Delegation

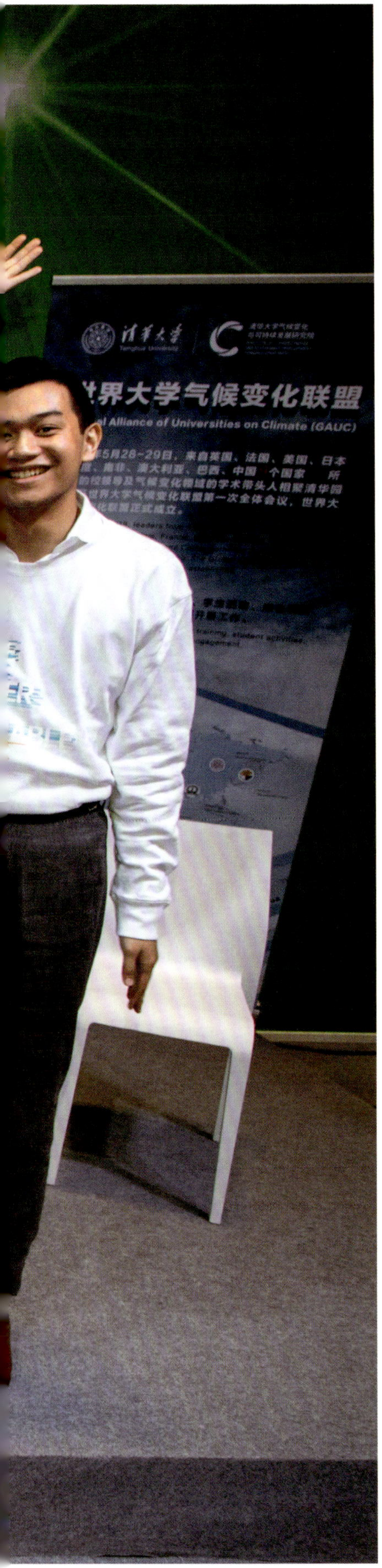

2020
GRADUATE FORUM
OF GLOBAL ALLIANCE
OF UNIVERSITIES ON CLIMATE
CLOSING CEREMONY
C+NbS YOUTH EVENT

国庆游行
The National Day Parade

学生国旗仪仗队
Chinese National Flag Guards

英烈纪念碑 · 韦杰三断碑
Tsinghua Monuments

trail challenge

FALCON

6
5
4
3

0063

深圳国际研究生院
Tsinghua Shenzhen
International Graduate School

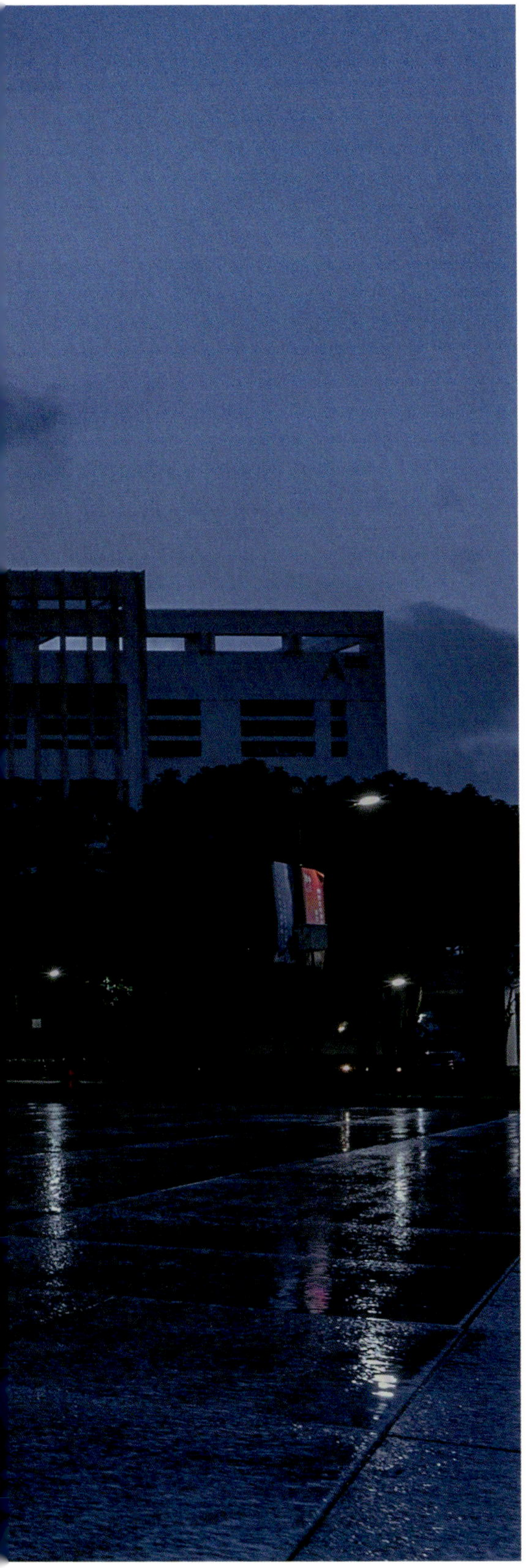

开学
A New Semester Begins

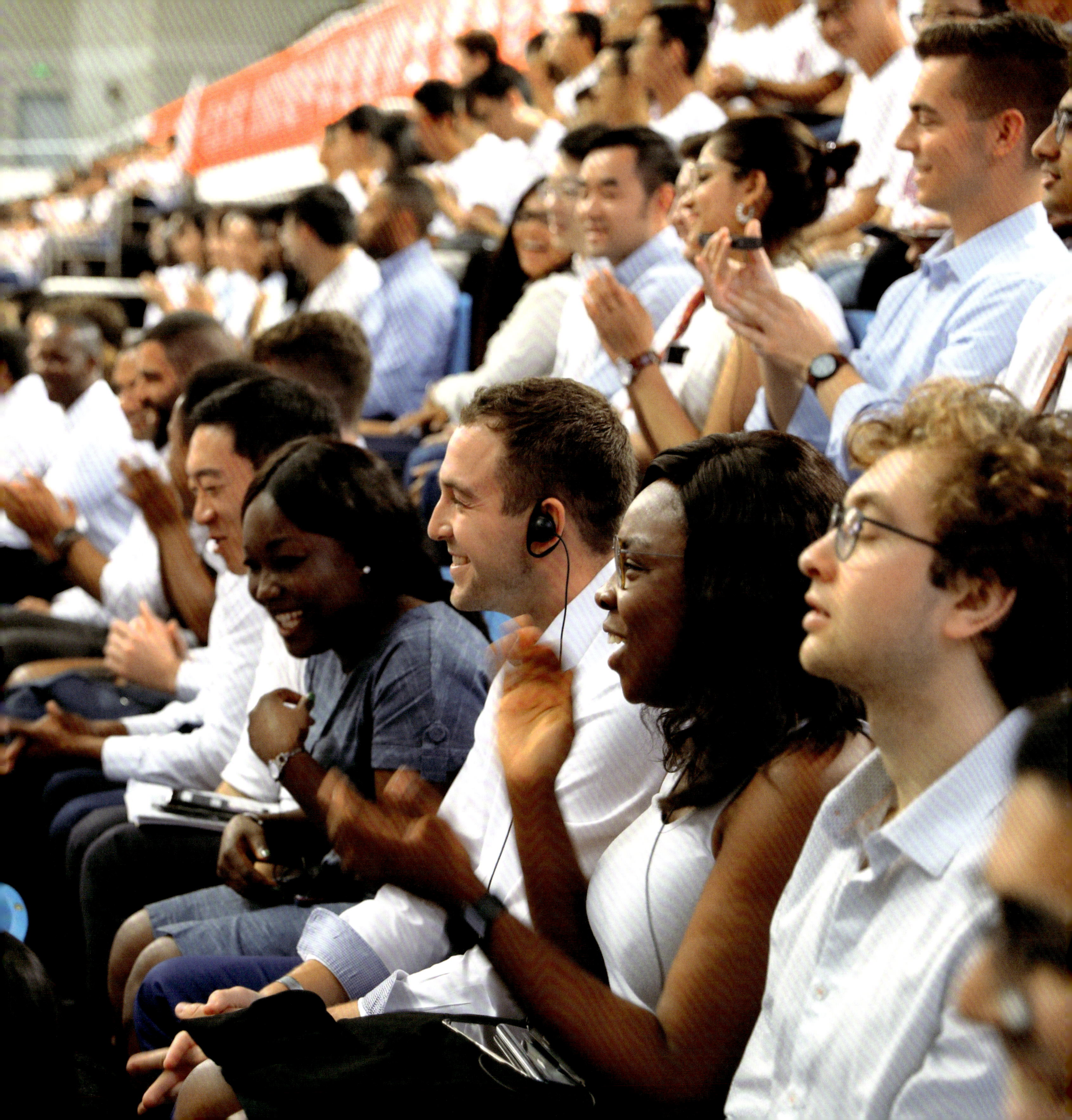

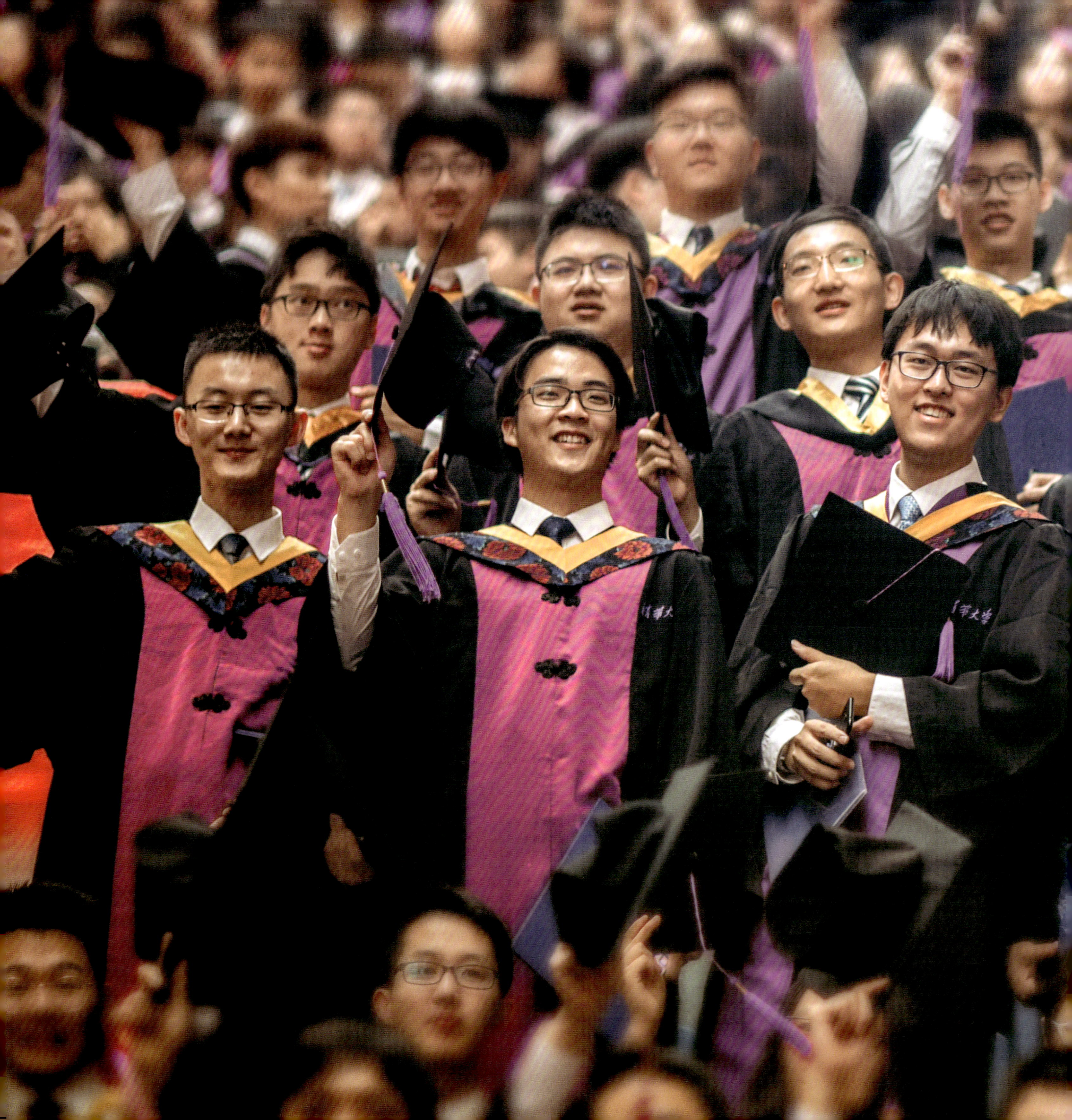

毕业
Graduation

朱自清像
The Statue of Zhu Ziqing

人文日新

严谨勤奋
求实创新

母校建校七十周年紀念
清芬挺秀
華夏增輝
一九八一年四月

闻一多像
The Statue of Wen Yiduo

国学院四大导师像
西南联大纪念碑
“三院遗址”纪念物

The Statue of the Four Great Tutors,
Monument to National South-West Associated University,
Landmark of Historical San Yuan Buildings

我的思想我的主張完全見于我所寫的王國維紀念碑中
我認為研究學術最主要的是要具有自由的意志和獨立
的精神所以我說士之讀書治學蓋將以脫心志于俗諦之
桎梏思想而不自由毋寧死耳斯古今仁聖所同殉之精義夫
豈庸鄙之敢望一切都是小事惟此是大事碑文中所持之
宗旨至今並未改易
陳寅恪

三院遺址

生物學館

新闻与传播学院
SCHOOL OF JOURNALISM AND COMMUNICATION

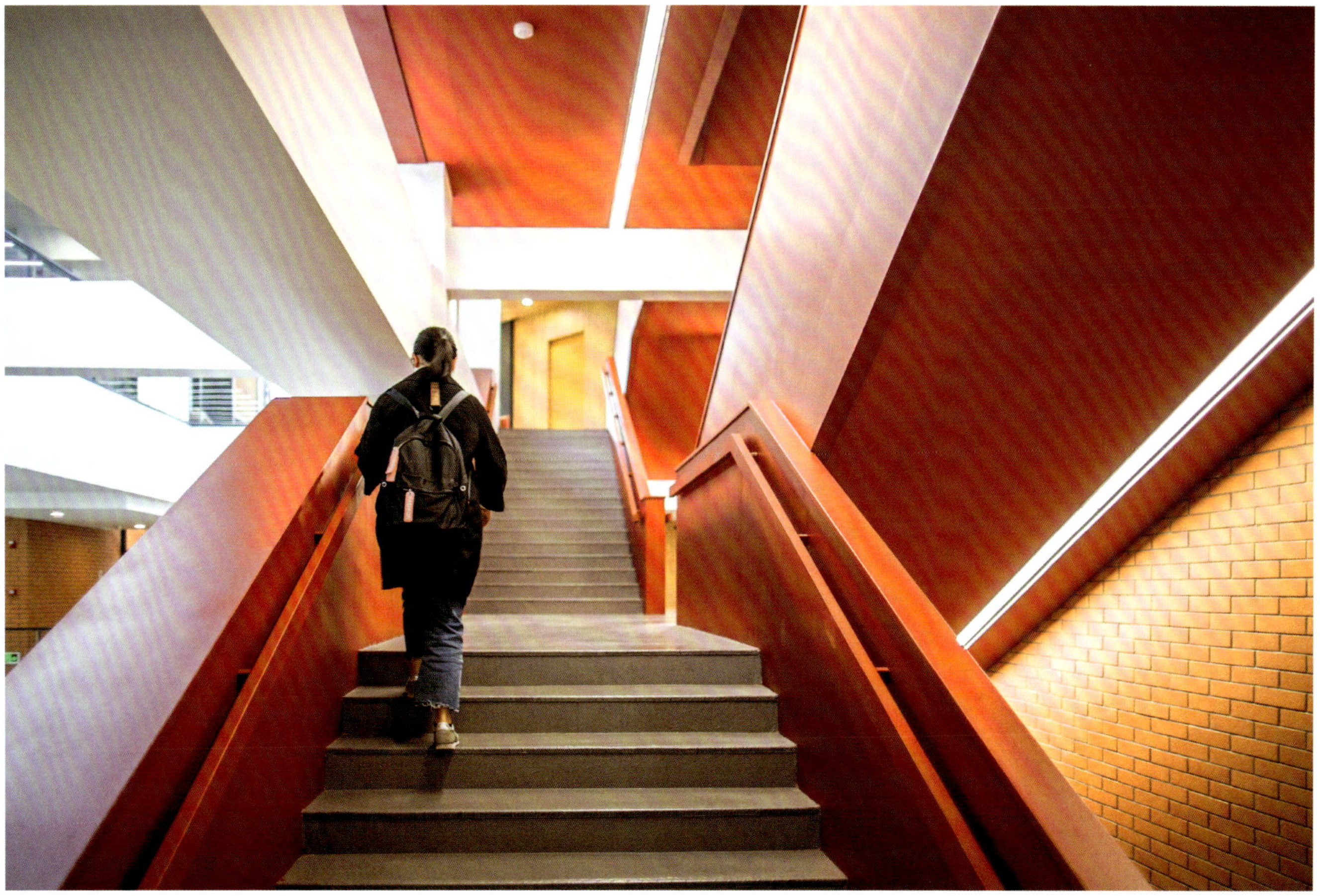

图书馆
The Library

静

明齋

清华校友摄影协会

图书馆
The Library

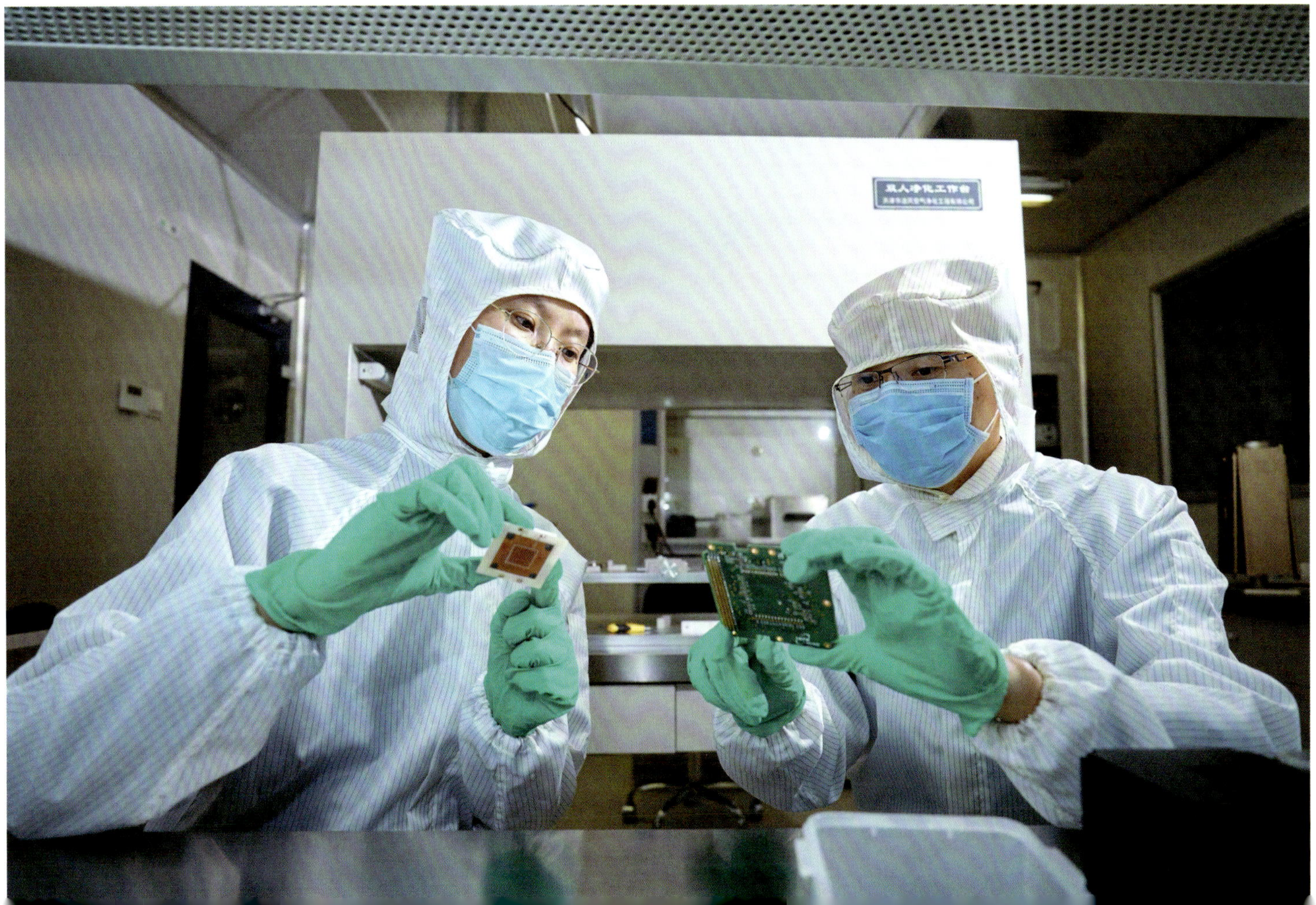

化学馆
Chemistry Building

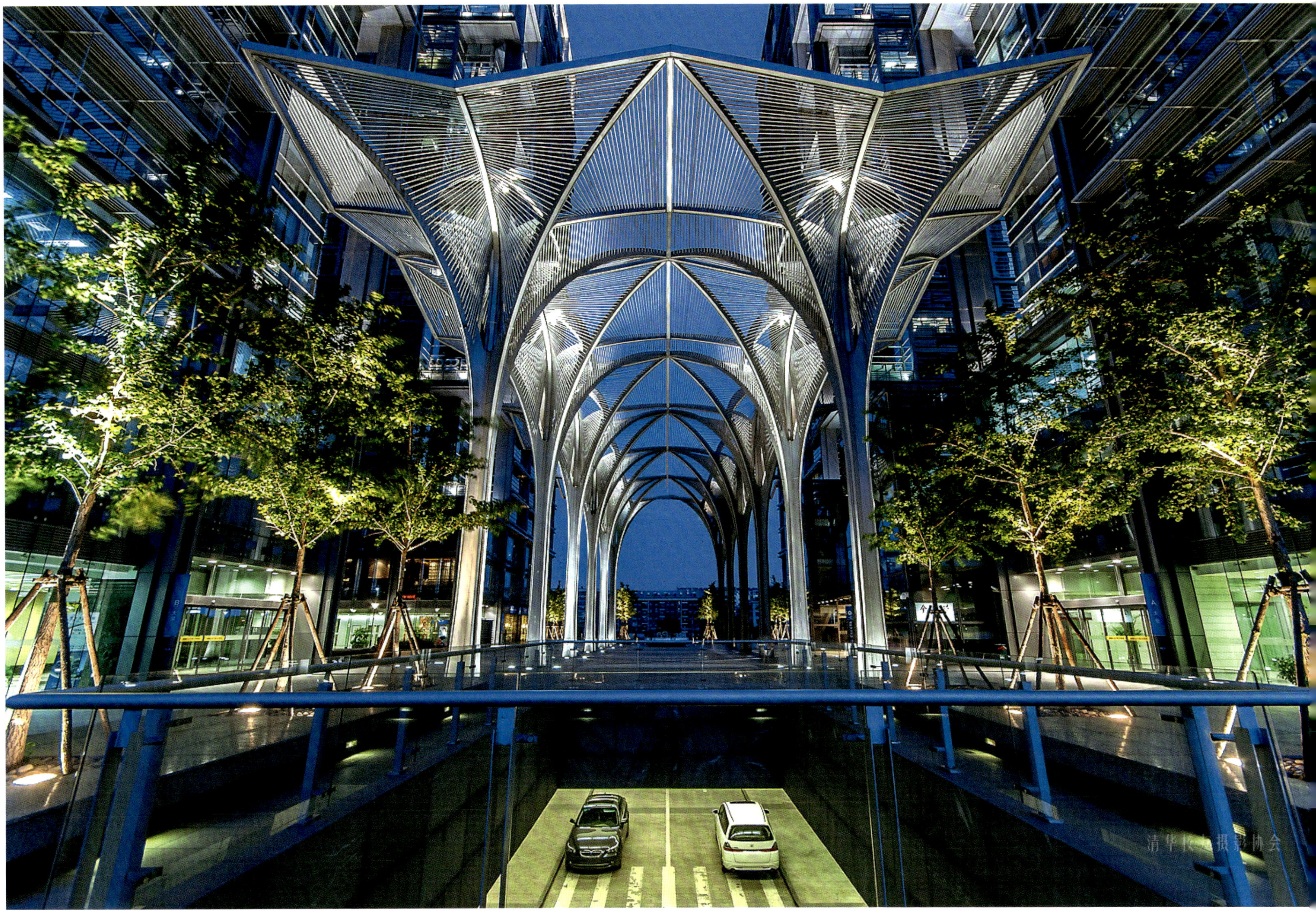

清华科技园
Tsinghua University
Science Park

清华简

Tsinghua Bamboo Slips

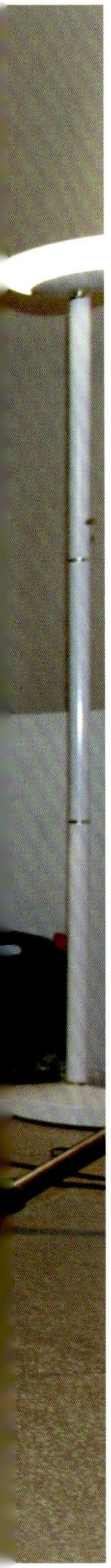

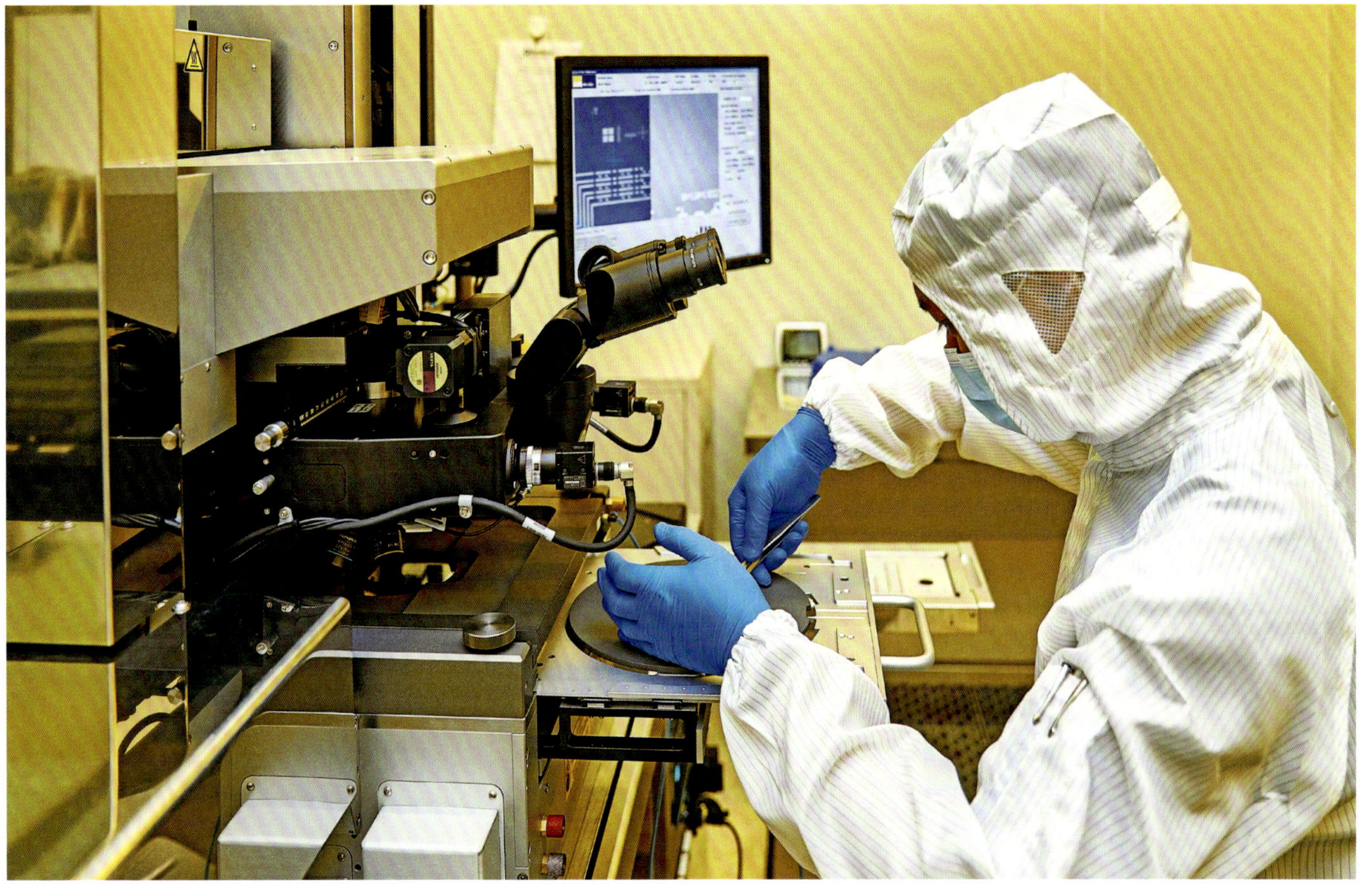

实验室
Labs

明理楼
The Mingli Building

第六教学楼
Teaching Building No. 6

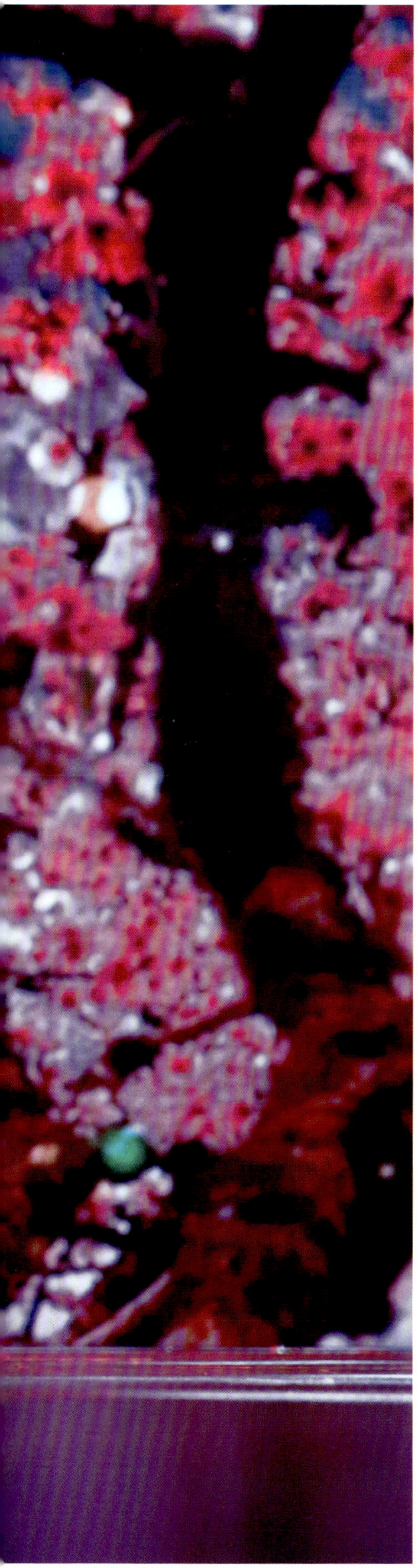

美术学院
The Academy of Arts & Design

环境学院
School of Environment

主办单位：清华大学国际学生学者中心
Organizer: Tsinghua Universi
International Students &
Scholars Center (ISSC)
t Show
y International

TAM
清華大學艺术博物馆
TSINGHUA UNIVERSITY ART MUSEUM

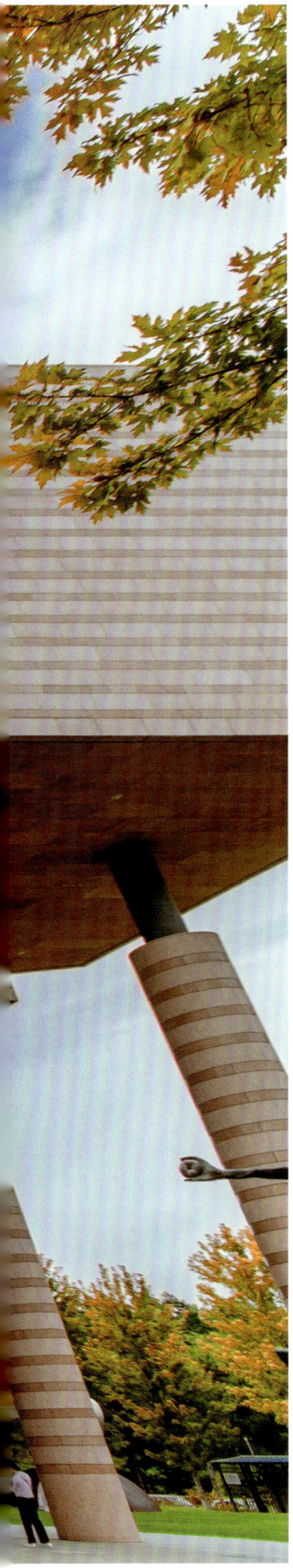

与礼制
的疏忽
来越宽
风尚。
袖子内
的白纱
袖），
妇女特
受贵族
的裙腰
地，前
缀肩而
行路时

艺术博物馆
Tsinghua University
Art Museum

话剧《马兰花开》
Stage Performance of
Malan Flowers Bloom

戏曲表演
Chinese Opera Performances

部方
Association
Head Office

同方部
Tong Fang Bu

学生艺术活动
Student Performances

苏世民书院
Schwarzman College

无体育
不清华

彩跑
Color Run

THUMB

醫學科學樓
清華一裕元
醫學研究中心

医学科学楼
The Medical Science Building

热烈庆祝清华大学建校107周年

无体育，不清华
No Sports, No Tsinghua

综合体育馆、东体育馆
The Sports Center,
The East Gymnasium

健康猫
health mall

AZ. A
32
DSC

无偿献血
Donating Blood

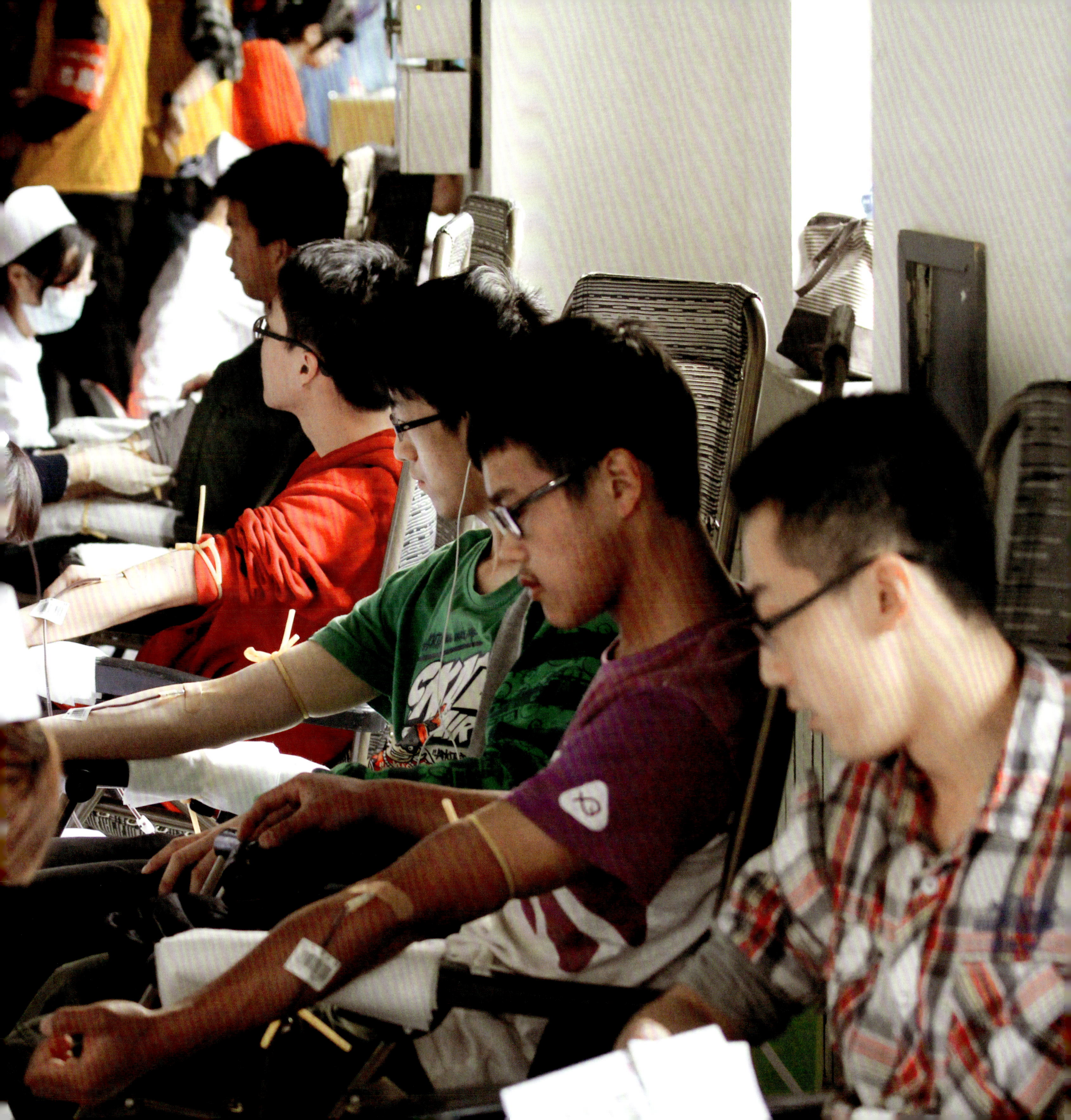

北京志愿者
BVF
出席证

志愿者
Volunteers

水木清華

藤影荷声之馆

紫荆、丁香
Chinese Redbud (*Cercis Chinensis*) and Lilac

就餐区
Dining Area

为 祖 国 健
我们为祖国健康工作50年啦

1967
程金环

行胜於言

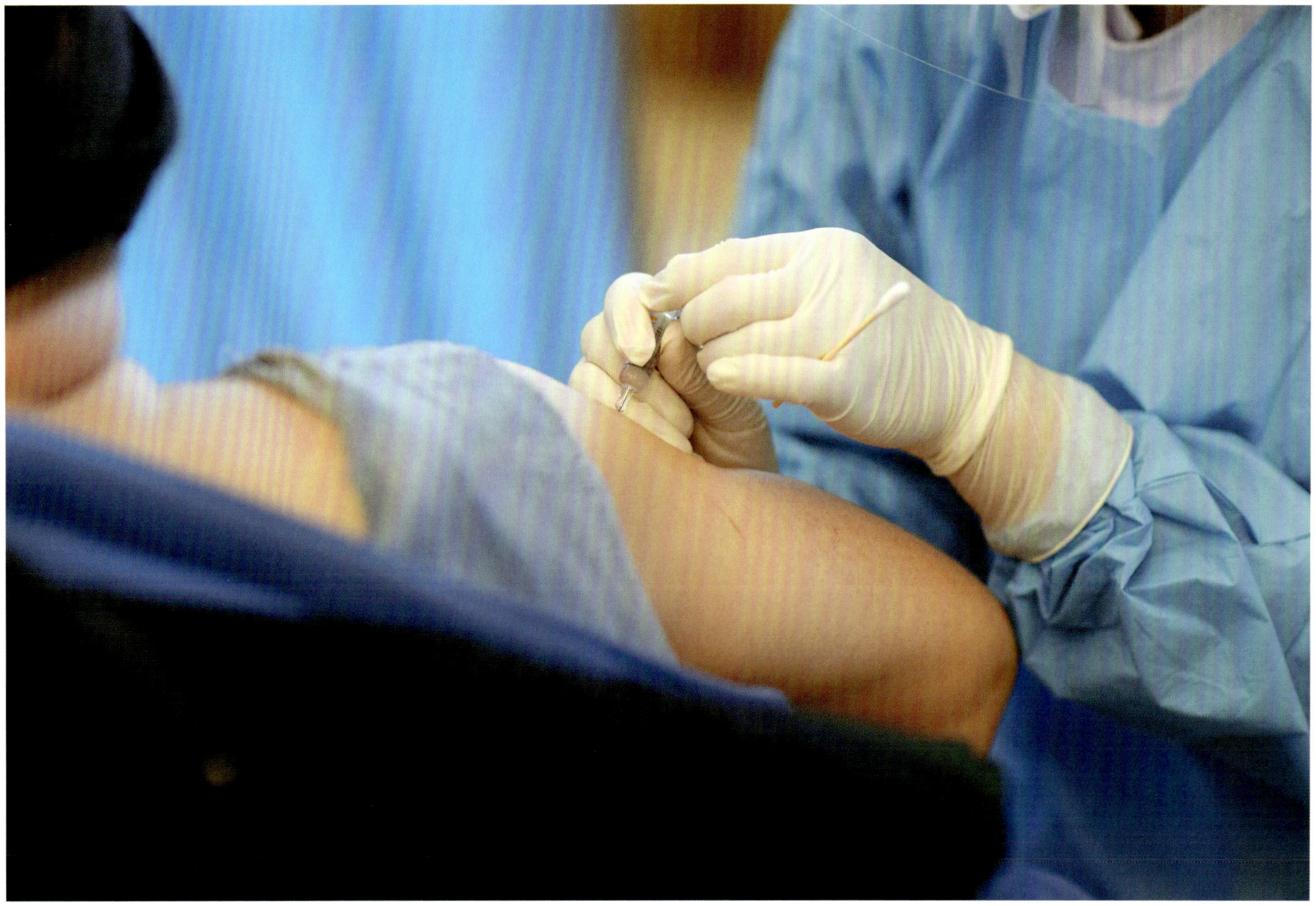

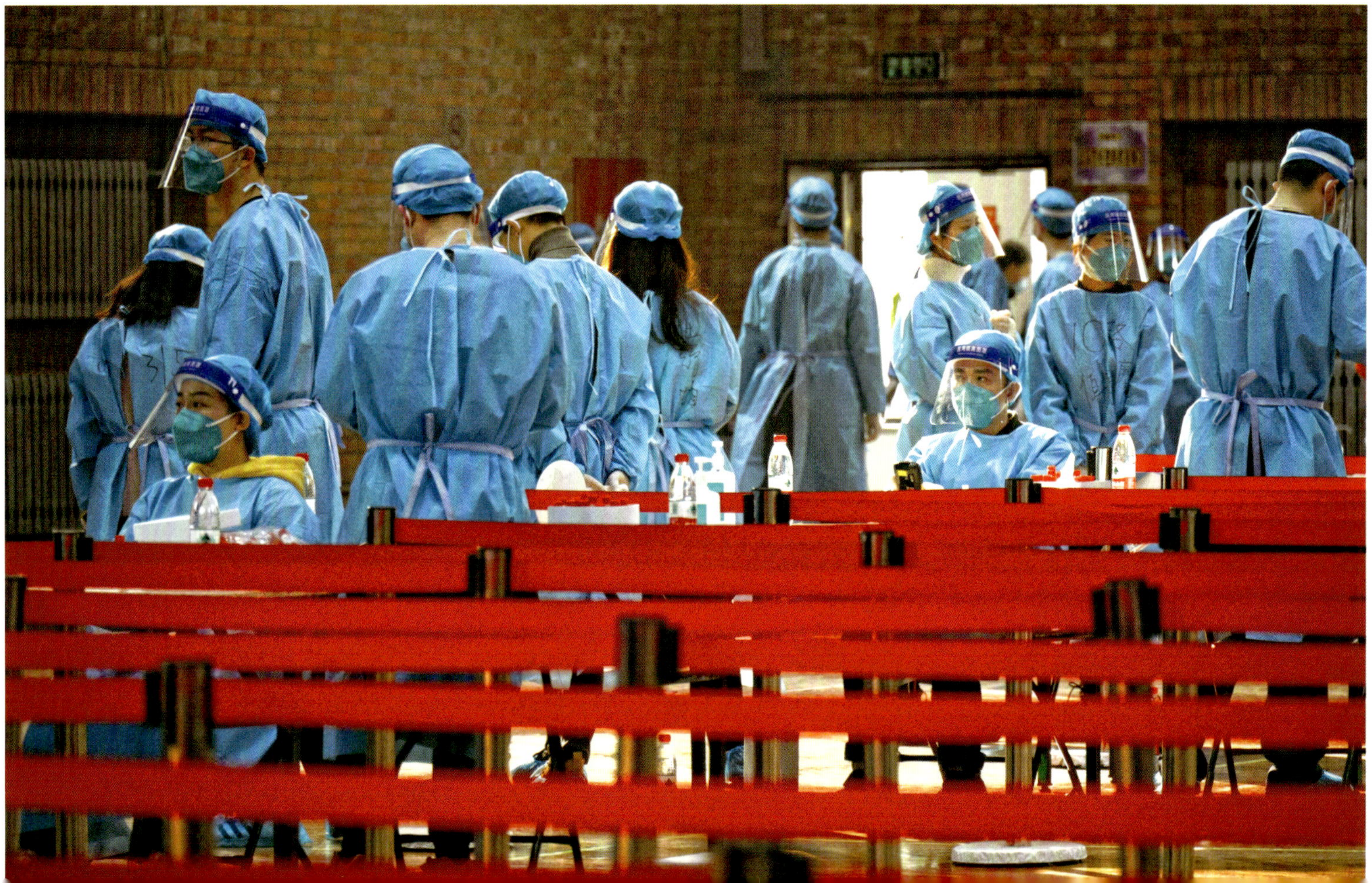

清华育我

我爱清华

摄影师名单（按拼音首字母排序）

白云柯	常　晟	陈海滢	陈　晔	崔　彧
邓溪萌	郭海军	郭依涵	何　康	何舜成
黄浩智	黄泓熙	蒋光丛	蒋　帅	金佳熠
李成凯	李　睿	李尚远	李诗谦	李召麒
李　宙	李柱石	刘航滔	刘西洋	刘子齐
毛子卿	彭瑞轩	乔玥涵	苏川津	邰志强
王烽合	王皓冉	王建一	王卓骁	吴傲谦
吴　健	吴京龙	肖　非	徐凌松	薛昊天
杨　航	杨丽英	杨　敏	杨屿涵	于海童
张凤春	张　昊	张晓峪	朱　力	邹　煌

设计团队名单

陈　楠　　吕　游　　毕文立

在编辑过程中，得到清华大学共青团委员会、清华大学校友摄影协会、清华大学学生艺术团摄影队、清华大学工会摄影协会的热情帮助，在此表示感谢！向所有照片的提供者表示感谢！